CONSIDÉRATIONS

STATISTIQUES

SUR LES CANAUX DE BRETAGNE,

PAR A. GUÉPIN, D.-M.

> Les canaux sont des établissements publics très-dispendieux; néanmoins il est probable que le service annuel qu'en retire la société excède de beaucoup la dépense annuelle qu'ils lui causent.
>
> J.-B. SAY. L. 3, ch. VII.

NANTES,
IMPRIMERIE DE MELLINET.

1832.

CONSIDÉRATIONS

STATISTIQUES

SUR LES

CANAUX DE BRETAGNE.

On peut écrire bien des choses différentes sur les canaux de Bretagne. Il y a telle manière de présenter leurs avantages qui peut les faire paraître immenses ; il y a telle autre manière de faire ressortir leurs inconvénients qui conduirait à les trop déprécier, tout utiles qu'ils pourront être un jour. En général, à la première vue, on en est enchanté. Ecoutez parler les personnes qui parcourent leurs bords :

« C'est une bien belle entreprise, disent-elles toutes, que celle qui a pour but de servir au commerce intérieur des cinq départements de l'ancienne Bretagne, ainsi qu'à l'approvisionnement de ses arsenaux maritimes. » Après avoir rassasié leurs yeux des sites pittoresques qui se présentent en foule sur ses rives et qui mériteraient d'être étudiés par nos meilleurs paysagistes, elles admirent à loisir l'élégance et la solidité des écluses, la grandeur du travail, les coupures qui ont été faites aux divers points de partage de Bout-de-Bois, dans la Loire-Inférieure; de Guipel, dans l'Ille-et-Vilaine; d'Hylverne, dans le Morbihan; et surtout à celui de Glomel, dans les Côtes-du-Nord. Elles prennent plaisir à considérer les écluses échelonnées et si rapprochées près de ces points de partage, et les nappes d'eau qui forment des cascades à chaque déversoir. Elles entrent même dans les maisons des éclusiers, et calculent jusqu'aux ressources qu'ils pourront trouver dans le petit jardin qui y est adjoint. Elles ne négligent pas non plus quelques points saillants de la question économique : c'est ainsi qu'elles comptent combien d'anciens vétérans pourront trouver une retraite agréable dans la garde des écluses qui sont au nombre de 255, dont 48 sur le canal d'Ille-et-Rance; 27 sur celui du Blavet; 14 de Nantes à la Vilaine; 43 de la Vilaine à Hylverne; 18 d'Hylverne à Pontivy; 48 de Pontivy à Glomel, et 59 de Glomel à Châteaulin. Elles remarquent que le canal débouche dans la mer par cinq ouvertures : par la Loire, la Vilaine, la Rance, le Blavet et la rade de Brest; que la plupart des 255 chutes d'eau des écluses pourront être utilisées, soit comme force motrice, soit comme moyen d'irrigations, et par suite d'améliorations agricoles. Elles trouvent, en recherchant les lieux les plus populeux situés sur ou près le canal de Bretagne,

Nantes, Blain, Rieux, Redon, Malestroit, Josselin, Rohan, Loudéac, Pontivy, Guarec, Rostrenen, Carhaix, Châteauneuf et Châteaulin, pour le canal de Nantes à Brest; Pontivy, Hennebon, Lorient, pour celui du Blavet; Rennes, Dinan, Saint-Servan et Saint-Malo, pour celui d'Ille-et-Rance. En examinant les avantages que le commerce et l'agriculture peuvent en retirer, elles remarquent que des moulins à blé, à tan, à papier, établis sur les bords du canal, pourront s'en servir pour le transport de leurs produits et de leurs matières premières; que de nombreuses carrières d'ardoises, que les grès réfractaires des Salles dans les Côtes-du-Nord, les forges et fonderies des Salles et de Lanouée, sont situés au voisinage du canal, lequel est à proximité de plusieurs forêts et grands bois; des forêts de Saffré, de la Groulais, du Gâvre, de Saint-Gildas, dans la Loire-Inférieure; de la forêt de Rennes, des bois de Soubon, du Roi et de Tanouern, dans l'Ille-et-Vilaine; des forêts de Lanouée, Branguili et Camor, dans le Morbihan; de celle de Quénécan, dans les Côtes-du-Nord, et de celle du Laz dans le Finistère. Elles observent encore que l'étendue en longueur du canal est d'environ 114 lieues, ce qui donne 228 lieues de rives, près desquelles on ne compte pas moins de 20,000 hectares de landes et de Bruyères, dont une grande partie pourra être plantée et même cultivée avec avantage lorsque la facilité des transports aura rendu les engrais moins coûteux. Elles examinent encore les dimensions du canal et des écluses, qui permettront l'emploi de bateaux du port de 60 à 80 tonneaux, et elles en concluent d'immenses avantages pour le pays.

Il leur semble voir l'industrie, voiturée dans l'un de ces grands bateaux plats, dont les dimensions sont encore ignorées au centre de la Bretagne, parcourir en pompe le canal, et semer sur les bords le travail, l'aisance, le bonheur et toutes les vertus qui en découlent. Si elles sont étrangères à la province, elles rêvent de suite un dépouillement complet des habitudes du pays. Bientôt, dans leur imagination, elles voient le paysan bas-breton quittant son costume pittoresque, sa culotte aux larges plis, se faire tondre les cheveux et venir compléter le tableau en abjurant les habitudes que la tradition lui a transmises et le langage qu'il a parlé depuis son enfance.

Il est facile, comme on le voit, avec un peu d'enthousiasme, avec de longues énumérations, moyen qui en impose toujours, de présenter en un tableau rapide et superbe les avantages que doit offrir le canal de Bretagne; mais l'apparence ne suffit pas. Je vais aborder franchement la question et l'examiner avec sincérité.

TOPOGRAPHIE DU CANAL DE BRETAGNE.

Quelques-uns des chiffres renfermés dans cet essai statistique ne sont pas exacts, quoique pris dans l'ouvrage de Dutens, sur la navigation intérieure de la France, et dans le dictionnaire hydrographique de M. Théodore Ravinet, sous-chef à la direction des ponts et chaussées. Je laisse à d'autres le soin de les corriger. D'ici l'achèvement du canal, les projets subiront peut-être encore quelques modifications. Ce sera donc seulement une fois ce grand travail terminé, qu'on en pourra donner une topographie exempte d'erreurs.

Le canal de Bretagne, déjà décrit en grande partie par ce qui précède, aura environ 114 lieues d'étendue, savoir :

Canal du Blavet...........	59,818 m.[t] ou env.[on]	13 l.
Canal d'Ille-et-Rance......	80,796	18
Canal de Nantes à Brest....	369,538	83
Total.........	510,152 mètres.	114 l.

Le canal de Nantes à Brest se divise en trois parties: la première, placée dans la Loire-Inférieure, a son point le plus élevé dans les landes des Jarriais, situées communes de Héric et de Saffré. La pente de ce lieu, dit point de partage de Bout-de-Bois, jusqu'à la Loire, est de 17 m. 30 c., et se trouve rachetée par 7 sas éclusés. Celle du côté de la Vilaine est de 18 m. 60 c., et se trouve rachetée aussi par 7 écluses. La longueur du bief de partage est de 8,346 m. 70 c.

La seconde partie du canal de Nantes à Brest, située dans le Morbihan, joint le Blavet à la Vilaine. Le point de partage est près d'Hylverne. Son étendue est de 2,166 mètres.

Du côté de la Vilaine, la pente rachetée par 40 écluses, est de 118 mètres 91 cent. Celle du côté du Blavet, rachetée par 18 écluses, est de 70 m. 60 c. Le canal dans cette partie suit d'abord la rivière d'Oust, qu'il prend à son embouchure dans la Vilaine, le ruisseau d'Hylverne, puis d'Hylverne à Pontivy, les ruisseaux de Saint-Géran et de la Haie. Il débouche au-dessus de Pontivy, à côté du champ de foire.

La troisième partie commence à Pontivy et finit à la rade de Brest. Le canal remonte le Blavet, prend le Doré à Guarec, arrive aux étangs et à la tranchée de Glomel, puis descend la rivière d'Aune. Le point de partage est dans la lande de Glomel. La pente du côté du Blavet est de 131 m. 76 c. que rachètent 48 écluses. La pente du côté de Châteaulin est de 182 m. 86 c., sur ce versant se trouvent 59 écluses. Cette troisième partie traverse le Morbihan, les Côtes-du-Nord et le Finistère. Le canal de Nantes à Brest a 10 mètres de largeur au fond, et 13 m. 90 c. à la ligne d'eau. La profondeur est de 1 m. 62 c. La largeur des écluses est de 4 m. 70 c., et leur longueur de 25 mètres.

Canal du Blavet.

Le canal du Blavet va de Pontivy à Lorient. La partie qui se trouve entre Lorient et Hennebon a toujours été navigable. Le reste ne le serait pas sans les écluses au nombre de 27, qui retiennent l'eau à une hauteur constante de 1 m. 10 c. La pente de Pontivy à Hennebon est de 52 m. 53 c. La longueur de ce canal est de 59,812 m. Ici aussi les écluses ont 25 m. de long et 4 m. 70 c. de largeur intérieure.

Canal d'Ille-et-Rance.

Ce canal rapprochera les deux ports de la Roche-Bernard et Saint-Malo en établissant une communication entre la Rance et la Vilaine. Il se compose d'un point de partage et de deux versants. Le point de partage, situé dans la lande de Tanouern, a 6,977 mètres de longueur. Le canal est terminé dans la Rance à la montagne de la Courbure par une écluse de flot. La pente du versant de Saint-Malo est de 63 mètres, et rachetée par 20 écluses de même dimension que celles des autres parties des canaux; celle du versant de Rennes est rachetée par 28 écluses. Le canal d'Ille-et-Rance se trouve en partie dans l'Ille-et-Vilaine et en partie dans les Côtes-du-Nord.

Points de partage.

Le point de partage d'Hylvern, qui n'est pas encore entièrement achevé, ne peut avoir, en été, par suite de sa situation, d'eaux suffisantes; pour l'alimenter, on a recours à deux canaux qui se réunissent avant d'arriver à Hylvern. L'un de ces canaux prend ses eaux dans l'étang de la Roche, et l'autre dans la rivière d'Oust, au moulin du Bara. L'un et l'autre ont un développement de 40 mille mètres; le premier reçoit sur son passage le ruisseau du Houle, et le second celui du Roc; les prises d'eau se font à 32 mètres, 47 au-dessus du point de partage.

Le point de partage de Guipel n'a pas non plus une quantité d'eau nécessaire; aussi sera-t-il alimenté par trois rigoles qui lui amèneront les eaux des ruisseaux de Becherel, Cardroc, Hédé, et par les étangs du Chenay et du Boullet. La quantité de ces eaux évaluée à 23,692 mètres cubes en 24 heures sera, dit-on, suffisante pour fournir au passage de 20 bateaux du port de 70 tonneaux. Les eaux surabondantes seront tenues en réserve dans l'ancien étang de Bazouges, situé près le bourg de même nom. Ce bassin doit contenir

190,000 mètres cubes et communiquer avec le bief de partage par un chenal. Des vannes permettront de recourir à ces eaux s'il en était besoin.

Le point de partage de Glomel sera suffisamment alimenté par les étangs de Glomel. Il offre du reste une immense tranchée qui a, dans certains endroits, jusqu'à 75 pieds de profondeur, et qui paraît plus considérable encore à cause des déblais qui rehaussent les deux côtés. C'est un ouvrage curieux, et que l'on ne peut voir sans intérêt.

Le point de partage de Bout-de-Bois n'offre rien de bien remarquable.

Utilité du canal de Bretagne.

Départements.	Population.	Mortalité.	Revenu territorial par individu.	Contributions par individu. Personnelle et mobilière.
Finistère.	483,000	1 sur 26	31 fr. 80 c.	1 fr. 09 c.
Morbihan.	416,000	—— 31	35 42	0 98
Côtes-du-Nord.	553,000	—— 33	34 86	0 66
Ille-et-Vilaine.	533,000	—— 34	36 53	0 92
Loire-Inférieure	433,000	—— 45	43 58	1 57

On voit assez, par le tableau qui précède, tableau emprunté à notre compatriote, M. Loyer-Villermé, que les départements de notre province, surtout les quatre premiers, sont loin d'être dans une situation prospère. Le chiffre de la mortalité indique d'une manière suffisante que le bien-être et les commodités de la vie ne sont pas encore descendus dans les classes inférieures, et que là le pauvre végète en quelque sorte sur une terre inhospitalière. En effet, tout se réunit, tout s'accorde pour prouver le besoin qu'ont les départements de la Bretagne des bienfaits de la civilisation. Dans ce pays où de mauvaises institutions ont laissé des traces si profondes que 40 années n'ont encore pu les effacer, l'on trouve de nombreuses localités où les manœuvriers gagnent à peine 250 fr. par an ; et c'est cependant avec cette somme si modique qu'ils doivent payer leur nourriture, leurs vêtements et leur abri. En général, les côtes sont plus éclairées que l'intérieur de la province : le canal sera donc très-utile, sous le rapport de la civilisation, pour les parties qu'il traversera. Il fera naître dans l'esprit de nos paysans de nouvelles idées, et, par suite, il étendra le cercle de leurs connaissances. Par le contact répété des mariniers, des conducteurs de chevaux de hallage, par la présence au milieu d'eux de gens plus éclairés, tels que les éclusiers, par la vue de costumes nouveaux dans les hommes de leur classe, il usera sans doute un peu ces habitudes routinières qui sont la plus grande entrave aux améliorations.

Ce n'est point une plaisanterie ; mais je crois vraiment que si nos paysans se mettaient à porter des chapeaux cirés, dont on fabrique une si grande quantité à Nantes et qu'on livre à si bas prix, cette seule amélioration, qui apporterait une économie de 2 fr. par chapeau, dans leur dépense serait un grand bienfait pour eux. Cette victoire obtenue sur la routine entraînerait la nécessité de porter les cheveux courts et les conduirait avant tout à une plus grande propreté. Bientôt le premier pas étant fait, ils changeraient pièce à pièce toutes les parties incommodes et coûteuses de leurs vêtements, pour ne garder que le gilet croisé, la veste longue et le pantalon; mais ici comme partout c'est le premier pas qui coûte.

Il est naturel de penser que les réparations fréquentes qui auront lieu sur le canal entretiendront à un taux assez élevé le prix des salaires, et qu'elles contribueront à répandre dans nos campagnes l'intelligence et l'usage du système métrique, que sa construction a déjà singulièrement propagé. L'intérêt a toujours été et sera toujours le meilleur moyen de stimuler les esprits. Celui dont l'ouvrage ne se paie qu'au mètre connaît bientôt la valeur de cette mesure et prend l'habitude de s'en servir. Cependant, je dois faire observer ici que c'est en ajoutant au bien-être de nos paysans qu'on parviendra plus aisément à améliorer leur situation morale. Il est de toute évidence que l'instruction la plus légère est du superflu quand on manque du nécessaire, que le premier des besoins c'est la nourriture, et qu'avant tout il faut s'en procurer. Le canal, en ajoutant à l'aisance des habitants de nos campagnes, leur fournira le loisir et le goût d'une instruction plus élevée que celle qu'ils reçoivent; ils voudront que leurs enfants apprennent à lire et à écrire : aussi devons-nous nous attendre à ce que successivement les lumières se répandent à mesure que les besoins matériels seront mieux satisfaits.

Puisque tout ce qui contribue à améliorer notre position sociale contribue aussi aux progrès de la civilisation, nous ne traiterons pas plus longuement une question qui se trouve comprise dans une autre; mais nous examinerons avec soin les avantages que l'industrie et l'agriculture peuvent trouver dans la nouvelle voie qui leur est ouverte.

Agriculture.

L'agriculture doit retirer de grands avantages des canaux creusés dans nos cinq départements. Je vais essayer d'en faire ressortir les principaux : il est évident qu'à quelques exceptions près, toutes les écluses seront alimentées pendant l'hiver et le printemps par une quantité d'eau surabondante, quelques-unes mêmes pendant l'été. Auprès de ces écluses pourront être installées des usines, chose que nous examinerons en son lieu, et dans ces usines pourront être mues par la force surabondante des machines agricoles telles que moulins à battre le blé, tarares, hache-paille, râpes à fécule et à betteraves. Indépendamment de cet emploi, les chutes d'eau pourront encore servir à la création de prairies. Rien de plus aisé que d'adapter à une roue hydraulique, soit des godets, soit une pompe, et d'élever l'eau à une hauteur telle qu'on puisse en faire usage pour arroser une grande étendue de terrain. Le bélier hydraulique pourrait aussi être employé avec succès pour le même usage. Dans les établissements qui ne marchent que le jour, il serait très-commode, ce qui n'exigerait du reste aucune surveillance, d'employer la nuit toute la force du moteur pour le service des irrigations. Sur les rivières d'Isac, d'Ille, de Rance, d'Oust, du Blavet, du Doré et de l'Aune, qui forment la presque totalité du canal de Bretagne, il est facile de prélever à chaque écluse, et cela pendant 7 mois de l'année et sans porter aucun préjudice à la navigation, une quantité de 17 mètres cubes par heure, élevés à 18 pieds au-dessus du niveau de l'eau dans l'écluse. On peut se faire une idée de cette quantité, en songeant qu'elle équivaut presque à cinq litres par seconde et qu'elle donne plus d'une barrique par minute. A mon sens elle suffirait amplement pour arroser 10 arpents ou 5 hectares, et, comme sur nos 255 écluses il en est plus de 200 dont les chutes peuvent être ainsi utilisées, cela porte au minimum à 2000 le nombre des arpents que l'on peut transformer en prairies sur les bords du canal. Ceux qui connaissent tout le prix des prairies naturelles, quand elles sont bien arrosées, comprendront l'utilité des irrigations que je propose. Quelquefois les canaux servent à dessécher les marais, mais on ne peut attendre des nôtres de pareils services. Les seuls pour lesquels leur construction puisse être utile, sont ceux de la rivière d'Erdre, et l'étendue de la surface qu'il sera possible de mettre en valeur ne va pas au-delà de 200 hectares.

C'est surtout comme moyens de transports que nos canaux contribueront aux progrès de l'agriculture. Les bois de construction, une grande quantité de bois de chauffage, de genêts et d'ajoncs peu employés aujourd'hui comme combustibles dans nos villes, les cidres, les blés, les grains et les fourrages, seront à l'avenir voiturées par eau, ainsi que les amendements et les engrais dans tous les lieux où la chose sera faisable. Beaucoup de terres restées incultes jusqu'ici, et rapprochées en quelque sorte du marché par la facilité des communications, pourront être défrichées. D'autres terres déjà cultivées seront nécessairement améliorées, et la facilité de l'exploitation augmentera aussi la quantité des plantations.

Parmi les moyens d'amélioration dont nos laboureurs pourront faire usage, je citerai les boues et les immondices, le fumier de latrines et d'écuries que fourniront en abondance les gros bourgs et surtout les villes, dont quelques-unes, par leur grandeur, comme Rennes et Nantes, d'autres par leur situation, comme Pontivy, où se trouve habituellement une garnison de cavalerie, sont abondamment pourvus. J'ajouterai la chaux, qui pourra être prise dans la Loire-inférieure, aux environs de Guenrouet et de Cambon (elle existe dans ces parages en grande abondance sous la forme d'un calcaire mêlé de silice en gros grains, d'alumine, de magnésie et d'oxide de fer, lequel donne à la cuisson une chaux maigre et légèrement hydraulique), les cendres de fourneaux, les cendres lessivées, dont on a l'habitude de se servir dans certains cantons pour semer le sarrasin: les cendres de tourbe, dont une quantité considérable, après avoir été traitée à Nantes pour l'extraction du sulfate de soude qu'elles contiennent, est exportée ensuite dans les communes de Héric et de Saffré, les varecs et autres plantes marines qui, soit à l'état naturel, soit réduites en cendres, sont un excellent engrais, et que les paysans placés à 10 lieues dans l'intérieur des terres vont acheter dans les villes qui bordent la côte à l'état de charrée, le merle, qui a été découvert en bancs considérables aux environs de Concarneau, le noir animal, etc.

Quant au prix des transports, il variera suivant la nature des matières ; cependant, pour ce qui concerne les substances citées ci-dessus, nous pouvons établir le compte suivant pour une journée :

Entretien et louage d'un bateau de 50 tonneaux pour un jour.	5 f.	» c.
Un conducteur de chevaux	2	»
Un marinier	2	»
Deux chevaux	6	»
Droits perçus pour 3 myriamètres (un peu plus de 6 lieues).	12	»
Total. . . .	27 f.	» c.

Ce qui donne 0,07 cent. par tonneau pour frais de transport par lieue métrique de 5,000 mètres ou demi-kilomètre, mais comme dans notre estimation nous avons porté les frais au plus bas possible, on peut évaluer à 10 cent. par lieue métrique le port d'un tonneau, non compris les frais de chargement et de déchargement.

D'après cela, les cendres lessivées de tourbe qui coûtent à Nantes environ 5 fr. les 1,000 kilog. (2 fr. 50 cent. la barrique), vaudront à Bout-de-Bois, lieu du débarquement, situé entre Héric et Saffré, 5 fr. 60 cent. non compris les frais de chargement et de déchargement, lesquels pourront s'élever à 1 fr., en tout 6 fr. 60 cent.

Les deux tableaux suivants fourniront le moyen de calculer le prix des engrais pour les localités placées sur les bords du canal et celui du transport de toutes les autres denrées, quelle que soit leur nature.

Canal de Nantes à Brest.

	Mètres.
De la Loire au bief de partage, la distance est de	33,897,56
La longueur du bief de partage est de.	8,346,70
Du bief à la Vilaine il y a. . . .	47,292,94
Total de la Loire à la Vilaine . .	89,537,20
De la Vilaine au bief d'Hylvern . .	105,583
La longueur du bief est de	2,166
Du bief au Blavet il y a	12,248
Total de la Vilaine au Blavet . . .	120,000
Du Blavet au bief de Glomel il y a. .	63,053
La longueur du bief est de	4,611
Du bief à la mer il y a.	92,336
Total.	160,000

Le canal du Blavet a 59,818 mètres depuis Hennebon jusqu'à Pontivy.

Canal d'Ille-et-Rance.

	Mètres.
De Rennes au point de partage	34,190
Le bief a de longueur	6,977
Longueur du versant de la Rance. . .	39,629
Total.	80,796

Tarif.

Les droits de navigation à percevoir, d'après la loi du 14 août 1822, seront perçus par chaque distance de 5,000 mètres parcourus ou à parcourir, sans avoir égard aux fractions. La perception se fera sur la remonte comme sur la descente en kilolitres, myriagrammes, mètres cubes, suivant la nature des chargements, et comme il suit :

Par kilolitre :

De froment, soit en grain, soit en farine.	0,250
D'orge, de seigle, blé de Turquie, soit en grain, soit en farine.	0,175
D'avoine et autres menus grains. . . .	0,125
De sel marin et autres substances de ce genre	0,300
De vins, eaux-de-vie, vinaigre et autres boissons et liqueurs.	0,400
De cidre, bière et poiré.	0,200

Par dizain de myriagrammes ou quintal métrique.

De mine et minerai.	0,015
De scories et de métaux.	0,022
De fer et fonte ouvrés et non ouvrés, et autres métaux	0,030
De cristaux ou porcelaines.	0,044
De faïence, verre à vître, verre blanc et bouteilles	0,030
De sucre, café, huile, savon, coton ou-	

vré et non ouvré, tabac, bois de teinture, chanvre et lin ouvré, et autres objets du même genre 0,044

De chanvre et lin non ouvré. 0,035

De foin, paille et autres fourrages. . . 0,020

De tourbe, de fumier et de cendres. . . 0,005

Par mètre cube.

De marbre, pierres de taille, plâtre, briques, ardoises, chaux, charbon de terre. 0,200

De pierre mureuse, marne, argile, sable et gravier. 0,100

De bois. 0,200

De bois à brûler, transporté par bateaux. 0,100

De bois à brûler, en trains. 0,025

De fagots et chardonnettes. 0,200

Pour une bascule de poisson.

Par mètre carré de tillac et chaque centimètre d'enfoncement, déduction faite de six centimètres pour le tirant d'eau. . . . 0,200

Pour un poinçon vide de 228 litres. . . 0,010

Pour un bateau quelconque en vidange. 0,650

Les marchandises de toute nature non-indiquées au présent tarif paieront le droit fixé pour celles avec lesquelles elles auront le plus de rapport.

Les droits ne seront pas comptés au-dessous du dizain de myriagrammes de l'hectolitre et de deux centièmes de mètre cube.

Toute fraction numéraire au-dessous d'un centime sera comptée pour un centime.

J'aurais voulu préciser davantage les secours que le canal de Bretagne doit rendre à l'agriculture ; mais comment y parvenir ? Je puis affirmer, par suite des recherches nombreuses que j'ai faites à ce sujet, que l'on ne peut, même approximativement, évaluer la production en cidres, blés et autres denrées agricoles des communes qui avoisinent le canal. J'ai reçu de diverses personnes que j'avais lieu de croire bien informées, des documents qu'elles m'adressaient comme authentiques et qui étaient cependant contradictoires. J'ai interrogé moi-même sur les lieux, à diverses reprises, les hommes les plus experts, sans qu'ils pussent en aucune façon répondre à mes questions. Enfin, j'ai eu plusieurs fois entre les mains la preuve que les renseignements statistiques envoyés aux préfets étaient aussi fautifs que ceux qui m'étaient parvenus. Il y a même des faits de la plus haute importance qui sont complètement ignorés. Personne, par exemple, ne connaît au juste la quantité de terres incultes que contient la Bretagne, et, dans tel arrondissement que je pourrais citer, les évaluations successives de deux sous-préfets qui cependant s'étaient adressés à ceux qu'ils croyaient les plus capables, ont différé de 10,000 hectares. En pareille circonstance, il vaut mieux, je le crois, se renfermer dans des généralités positives que de hasarder des chiffres dans lesquels on a la preuve qu'il peut se trouver de grossières erreurs. Ainsi, je me contenterai d'ajouter à ce qui précède que la fabrication du cidre, dont la valeur moyenne est estimée à 12 francs la barrique, ne pourra qu'augmenter beaucoup. Le cidre est une boisson délicieuse quand il est bien préparé, et rien de plus facile que de l'obtenir de très-bonne qualité. Il faut toute la malpropreté, le peu de soin et l'ignorance de nos paysans pour le faire mauvais comme il l'est habituellement. Sans doute la facilité de l'exploitation viendra corriger leur routine. Les arrondissements de Lorient, Pontivy, Ploërmel et Loudéac, où cette fabrication a une grande extension, seront très-heureusement situés sous ce rapport. Il est difficile de prévoir à l'avance ce qui arrivera pour le transport du blé. Quant aux graines de lin que chargent pour la Loire-Inférieure les muletiers qui vont porter à Morlaix et à Saint-Pol le sel des marais de la Loire-Inférieure, elles seront embarquées à l'avenir à Carhaix, où débarqueront les chargements de sel. Il en sera de même de beaucoup d'autres denrées agricoles et des instruments aratoires qui prendront la voie du canal. Ce ne sera pas, au reste, sur le champ que les paysans bretons pourront s'habituer à se servir des bateaux. Long temps encore le canal sera pour eux un instrument nouveau dont ils ne sauront pas faire usage, et qu'ils n'emploieront qu'avec répugnance. Cette observation ne s'applique point aux bois, car ils sont exploités par les habitants des villes, à l'exception de ceux qui entourent les champs et qui le plus souvent plantés sur les fossés, branchus et rabougris, ne servent que pour le chauffage.

Je ne terminerai pas cet article sans faire remarquer que le tarif laisse une lacune au sujet des ajoncs et genêts que l'on peut employer comme combustibles, surtout pour chauffer les fours, s'ils étaient assimilés d'après le réglement actuel soit aux fourrages, soit aux fagots, leur transport deviendrait trop coûteux pour qu'on songeât à les envoyer dans les villes.

Industrie.

Ne nous faisons pas illusion : bien des années s'écouleront avant que les canaux dont il s'agit soient grandement utiles à l'industrie. Le commerce de la pêche qui se fait dans les villes de Quimper, Douarnenez, Audierne, Pont-l'Abbé, Concarneau, Port-Louis, et qui contiste surtout en sardines, rogue et poissons secs ne peut changer de position. Les papeteries sont nombreuses en Bretagne : mais les principales sont situées au voisinage de Morlaix, Quimperlé, Quimper, dans le Finistère ; à Quintin dans les Côtes-du-Nord ; Fougères dans l'Ille-et-Vilaine ; Clisson dans la Loire-Inférieure. La fabrication des toiles a lieu surtout à Locronan et Morlaix dans le Finistère ; Loudéac, Uzel, Quintin, Montcontour, Saint-Brieuc et Dinan dans les Côtes-du-Nord ; Rennes dans l'Ille-et-Vilaine. Cette dernière ville seule pourra se servir du canal pour l'importation des matières premières et l'exportation de ses produits. Si nous examinons les tanneries, en ayant égard aux lieux d'où chacune tire les cuirs et le tan, nous trouverons que celles de Rennes, Nantes, Dinan, Josselin, Pontivy, Carhaix et Châteaulin profiteront souvent de la nouvelle voie offerte aux transports, mais que celles de Saint-Brieuc, Quintin, Morlaix, Lamballe, Quimper, Quimperlé, Vannes et toutes les autres villes du littoral n'en profiteront pas. Des hauts fourneaux et affineries situés à Belle-Ille-en-Terre, au Veaublanc, à l'Hermitage, près Quintin, aux Salles, près le bourg de Peret, dans le département des Côtes-du-Nord; à Lanouée, à Pont-Callec, à Tredion, à l'Abbaye-de-la-Joie, à Lanvaux, à la Roche-Bernard, dans le Morbihan; à Paimpont, dans l'Ille-et-Vilaine; à Moisdon, à la Hunaudière, à la Provotière, à la Basse-Indre, dans la Loire-Inférieure; deux établissements, ceux des Salles et de Lanouée en profiteront fréquemment; deux autres accidentellement, ceux de l'Hermitage et Paimpont. En général, on doit dire que c'est sur le littoral que l'industrie a le plus d'activité dans le moment actuel, et que, dans l'intérieur de la province, tout est vierge encore, à l'exception des préjugés qui sont passablement bien enracinés.

De ce qui précède, conclure que les canaux de Bretagne seront inutiles, ou presqu'inutiles, serait déduire une fausse conséquence. Ils traverseront les arrondissements de Châteaulin, Guingamp, Loudéac, Pontivy, Lorient, Ploërmel, Redon, Savenay, Nantes, Rennes, Saint-Malo et Dinan. Sans doute ils ne rendront pas les immenses services sur lesquels compte un public qui répète toujours en grossissant; mais dans les arrondissements que je viens de citer, ils produiront des améliorations lentes d'abord et sur lesquelles on doit cependant compter. Ils créeront le commerce du cidre qui n'existe pas; ils établiront aussi à l'intérieur le commerce de grains, miels, cires, qui n'a lieu que sur les côtes. Dans le Finistère ils pourront servir, aussitôt achevés, au transport de la chaux que l'on est obligé de tirer de

Brest, du granit et autres pierres à bâtir ; des ardoises de Châteaulin, des bois du Nord, débarqués dans la rade de Brest, des chandelles de Landerneau, des chiffons pour les papéteries, des plombs et oxides de plomb de Poullaouen et du Helgoët, du charbon de terre de Quimper (si les assertions de M. Landrin se trouvent vérifiées), des bois du pays, des pierres à faux qui se trouvent entre Carhaix et Morlaix, du tan de diverses forêts, des cuirs de Châteaulin, etc. Dans les Côtes-du-Nord les fers des Salles, les grès du même lieu, les ardoises de Mur, les fontes, la chaux et les pierres réfractaires de l'Hermitage seront à peu près les seuls produits en outre du cidre, du beurre, des bois, des chiffons, du miel, de la cire et des blés de ce département qui prendront la voie du canal. Dans le Morbihan, les mêmes produits se présentent : ce sont des cuirs, du tan, des ardoises, des suifs, qui se dirigent aujourd'hui sur Nantes et sur Rennes, des chiffons qui suivent la même route, les fers de Lanouée, etc. Les départements de la Loire-Inférieure et de l'Ille-et-Vilaine ont l'avantage d'avoir le canal dans leurs villes capitales ; dans le premier, Nantes s'en servira pour exporter dans la province des faïences, des poteries, des brosses, du noir animal, des cendres de tourbe lessivées, des marbres travaillés, des vases, statues et autres objets en plâtre, du papier, des cotons ouvrés et non ouvrés, des objets de verrerie, de la chaux grasse et de la chaux hydraulique, des carreaux, des pompes, des chaudières, des machines à vapeur, des machines agricoles, etc. ; du vin, des eaux-de-vie, du vinaigre, des liqueurs, des produits de tanneries, du plomb de chasse, et toutes les denrées exotiques dont cette ville est l'entrepôt. L'Ille-et-Vilaine fournira beaucoup plus de produits agricoles et peu de produits industriels.

Ce serait sans doute ici le lieu de montrer combien le canal qui passe auprès de bois et de forêts, dont nous avons déjà fait l'énumération, pourra servir en temps de guerre pour l'approvisionnement des arsenaux de Brest, Lorient et Saint-Malo; mais je ne puis qu'exprimer ce fait, et je n'ai pas assez de connaissances en marine pour oser en développer les conséquences; j'ajouterai seulement que, dans la dernière guerre avec l'Angleterre, plusieurs vaisseaux sortis de Lorient pour rejoindre leurs escadres à Brest furent pris en route, ce qui prouve l'utilité d'un canal qui permettra de construire au besoin toute une flotte dans le port de cette ville, sans augmenter pour cela de beaucoup les dépenses occasionnées par une semblable entreprise. Je dois dire aussi qu'en cas de guerre le canal serait extrêmement utile au commerce; nous savons par expérience combien les croisières ennemies peuvent nuire aux navires qui font le cabotage : il est donc très-avantageux que nos marchandisses aient une nouvelle route peu coûteuse, qu'elles puissent suivre au besoin pour parvenir à leurs marchés habituels; et c'est surtout à la ville de Nantes que les canaux serviraient en pareille circonstance, puisqu'ils lui permettraient, quoique bloquée en quelque sorte, de continuer ses importations dans les cinq départements de la Bretagne et d'en recevoir les produits.

Il est convenable, dans cette partie de mon travail, d'insister fortement sur l'utilité des chutes d'eau des écluses comme force motrice, et sur le grand parti que l'industrie en peut retirer. Ces chutes d'eau, au nombre de 255, sont les unes rapprochées des points de partage et hors d'état, vu le peu d'eau qui les alimente, d'être employées pendant l'été comme moteurs, les autres offrent toute l'année une force qui va au-delà de 12 chevaux pour quelques-unes, et qui n'est guère moindre de 3 chevaux pour aucunes d'elles.

La Bretagne, destinée à devenir une province importante par son agriculture, pourra cependant, si des hommes entreprenants savent en tirer parti, devenir aussi, malgré le haut prix du combustible, une province manufacturière : la filature du lin, la fabrication des toiles, qui décline beaucoup aujourd'hui, celle du papier, les blanchisseries mécaniques, la tannerie, l'exploitation des bois au moyen de scieries mécaniques, la mouture du noir animal, la fabrication de la fécule de pommes de terre, du sucre de betteraves, de l'huile de graine de lain et d'œillets, de farines et de biscuits pour la marine, celle des grosses étoffes, etc., voilà les principales industries pour lesquelles la puissance motrice de l'eau peut être d'un grand secours : on voit au premier coup d'œil que toutes se lient à notre agriculture, et qu'elles tendront à la faire prospérer.

Les usines qui s'établiraient de manière à utiliser la force des chutes d'eau du canal de Bretagne, posséderont l'avantage immense d'avoir un moyen commode de transport à proximité; et, par contre, elles rendraient service à leur tour au canal par les droits qu'elles paieraient pour leurs matières premières et pour leurs produits. Plusieurs moulins détruits lors de sa construction fournissaient par jour, malgré les vices de leur mécanisme, deux tonneaux de farine, et par an de 300 jours environ 600 tonneaux qui entraient et sortaient du moulin. On peut donc dire que si des usines existaient à côté de chaque écluse, partout où l'on en peut établir, il n'y a aucune impossibililé que ces usines seules occasionnassent un mouvement de transport que nous n'estimerons pas à moins de 120,000 tonneaux de matières premières et d'objets ouvrés parcourant 4 myriamètres, et dont, terme moyen, le produit pour la perception s'élèverait habituellement, au-delà de 192,000 francs.

Au lieu de se perdre dans des théories, comme le font trop souvent nos économistes et nos sociétés savantes de province, ne serait-il pas beaucoup mieux de s'occuper de quelques spécialités et de les traiter à fond. Il en est une, celle dont je viens de parler, sur laquelle on ne s'est pas assez appesanti jusqu'ici : dans l'ouest où le combustible fossile est d'un prix élevé, la puissance mécanique de la vapeur d'eau l'est aussi : elle suit le cours du charbon de terre. Une machine de 10 chevaux n'y coûte pas moins de 20,000 fr., placée ; ce qui en porte l'intérêt, y compris l'amortissement, à 2400 fr., c'est-à-dire à 8 fr. par jour (l'année de travail étant de 300 jours). Cette machine exige en outre 600 fr. de dépense pour le chauffeur; la consommation en combustible est de 40 kilogrammes à l'heure, et par jour de 480 kilog. Valant 19 fr., 10 chevaux de vapeur coûtent donc réellement 29 fr. pour un travail de 12 heures, et un cheval par conséquent 2 fr. 90 c.

Le prix des chevaux vivants est beaucoup moindre dans nos campagnes et même dans les villes : ici un cheval coûte 300 fr. par an, c'est-à-dire 20 sous par jour, et 100 fr. d'amortissement, ce qui fait 1 fr. 35 c.; mais comme un cheval ne peut fournir que 8 heures de travail, il faut élever ce chiffre du tiers en sus, ce qui donne 1 fr. 35 c.

Ainsi, en Bretagne, lorsque l'on fait marcher une usine douze heures par jour, le prix des chevaux est au prix de la valeur comme 1 fr. 35 c. : 2 90, c'est-à-dire moitié moindre.

Si, dans cette province, on veut estimer une chute d'eau, il ne faut donc point la comparer à une machine à vapeur, mais à des chevaux vivants; or, d'après notre estimation, la force mécanique d'un cheval exigeant une dépense annuelle de 400 fr., elle représente à 5 p. 0/0 un capital de 8000. Une force de douze chevaux, comme il en existe un assez grand nombre, une fois disposée de manière à ce que l'on puisse s'en servir, représente une valeur de 96,000 fr. D'après cela l'on peut dire, sans crainte d'exagérer, que dans 40 à 50 ans d'ici, si Dieu donne paix et prospérité à notre patrie, les chutes d'eau utilisées sur le canal, en les estimant à 1200 chevaux (1) auront une valeur vénale de 9 millions 600 mille francs, et pourront contribuer puissamment à la prospérité agricole, commerciale et industrielle des lieux dont elles exploiteront les produits.

Salubrité.

Généralement, l'on regarde les canaux comme un

(1) Il y a bien 100 chutes de la force de 12 chevaux sur les canaux de Bretagne.

moyen d'augmenter la salubrité des contrées qu'ils traversent; cependant, je ne crains pas d'avancer que dans notre province ils produiront un effet tout contraire. En Bretagne, excepté dans la Loire-Inférieure, il y a peu de marécages, ce qui est dû à la pente rapide des vallées; or, par suite des chaussées, nos canaux présenteront une ligne d'étangs de 114 lieues de long, non compris le développement des rigoles destinées à alimenter les points de partage. Il est vrai que 200 hectares des marais de l'Erdre pourront être desséchés; mais, d'un autre côté, des eaux stagnantes se trouveront exister dans beaucoup de lieux autrefois secs et salubres. Je ne dois pas non plus passer sous silence que, par suite de l'élévation des eaux retenues à une hauteur fixe et supérieure à ce qu'elle était, certains terrains, surtout près des villes, n'auront que peu ou point d'écoulement, et seront transformés en marécages au moins une partie de l'année. De là des fièvres intermittentes, des phtysies et des affections lymphatiques beaucoup plus nombreuses. Le froid humide, dont les effets commencent à être bien connus depuis les travaux d'Edowards, de Flourens et de quelques autres expérimentateurs, produira ici, comme partout ailleurs, ses effets habituels, et deviendra l'auxiliaire de la malpropreté. Les émanations putrides, suite nécessaire des dessèchements qui auront lieu en été, soit naturellement par la chaleur de la saison, soit artificiellement pour les recurements et les réparations. Les inondations plus considérables, effet indubitable des nombreux barrages établis pour la navigation, pourront souvent donner naissance à des épidémies meurtrières, et déjà les médecins qui sont le plus à portée d'apprécier ces assertions, les confirment et citent des faits à l'appui : moi-même j'ai pu vérifier ce que j'avance. En 1827, au mois d'août, j'ai parcouru une assez grande étendue du canal de Bretagne ; les fièvres intermittentes régnaient épidémiquement et se montraient jusque sur des plateaux élevés, mais nulle part elles n'étaient aussi nombreuses, aussi tenaces et aussi graves que dans les vallées marécageuses et dans les lieux naturellement humides. Ce fut surtout à Glomel que j'eus occasion de vérifier combien les travaux journaliers dans de semblables localités sont propres à détruire la faculté de produire de la chaleur et à laisser des altérations profondes dans nos organes. A peine entré dans la cour du camp des condamnés chargés de creuser le point de partage, je fus étonné d'y voir un grand nombre de convalescents ; ils étaient plus de 20, et l'établissement ne contenait pas (m'avait-on dit) 500 hommes. L'impression que j'éprouvai dans les salles de ces malheureux fut encore plus profonde ; une odeur d'hôpital s'y faisait sentir d'une manière insupportable, et de tous côtés j'en voyais de couchés dans leurs hamacs : leurs yeux étaient sans vivacité, leurs traits altérés, leur teint jaune-paille, présentaient cet aspect qui caractérise les maladies chroniques et les fièvres intermittentes. Je demandai pourquoi on ne les mettait pas à l'infirmerie, on me répondit qu'elle était pleine, ainsi que l'hospice de Rostrenen. Plus du quart des condamnés se trouvaient hors détat de travailler ; plusieurs d'entre eux présentaient des engorgements considérables, des viscères abdominaux, et beaucoup d'autres avaient succombé. Faut-il donc que la société paie de quelques-uns de ses membres les grandes machines industrielles qui doivent ajouter à son bien-être : voilà la triste question que je m'adressai en quittant ces lieux.

Construction.

Il règne dans toute l'étendue des canaux de Bretagne un luxe de construction que l'on ne saurait trop blâmer ; il est important que l'on s'habitue à mettre de l'économie dans les services publics, et malheureusement, dans l'entreprise que nous examinons, *on trouve de la prodigalité. Partout les devis des ingénieurs ont été dépassés de beaucoup*, et sur plusieurs points, *des inconséquences assez graves ont été commises.* C'est ainsi qu'en 1826, l'on annonçait qu'il ne fallait plus que 107,782 fr. pour terminer le canal du Blavet ; et, en 1827, on demandait 207,427 fr. 21 cent. (1) Ces canaux sont encore une preuve évidente *qu'avec des hommes très-instruits et un mauvais système d'administration, on peut nuire beaucoup au pays*, et je vais en fournir un exemple. Autrefois l'on pêchait, année commune, dans le Blavet, des saumons pour la valeur de 30,000 fr., somme qui était versée entre les mains des pêcheurs ; alors il n'existait de Hennebon à Pontivy qu'un petit nombre de chaussées ayant la forme d'un prisme triangulaire, et que les saumons remontaient avec une grande facilité. Aujourd'hui les nouvelles chaussées sont beau-

(1) Voyez les rapports de la Compagnie des quatre canaux.

coup plus brillantes, sans doute; elles offrent une nappe d'eau qui tombe perpendiculairement au lieu de rouler sur un plan incliné ; mais aussi les saumons ne remontent plus, et leur pêche est une industrie entièrement détruite sur les bords de cette rivière, ce qui est d'autant plus malheureux qu'elle profitait surtout à la classe la plus pauvre. Des observations ont été faites par les gens du pays, mais on leur a répondu que les chaussées perpendiculaires ont, ce qui est vrai, l'avantage de détruire le courant et par conséquent de produire moins de dégradations. Les habitants en ont appelé à l'expérience pour cette conclusion ; ils ont cité l'exemple de chaussées inclinées qui existent sur le Blavet depuis 4 à 500 ans, lesquelles n'ont jamais causé aucune dégradation. Ils ont allégué ce qu'ils savent de leur rivière, qu'elle produit rarement d'inondations. Plaintes inutiles : les nouvelles chaussées existent, et les saumons ont disparu. C'est ainsi que l'application trop rigoureuse d'un principe vrai en lui-même coûte 600 mille francs de capital aux pêcheurs riverains et au pays.

La jonction de l'Oust au Blavet devait s'effectuer primitivement au moyen d'une tranchée faite à Hylvern, qui aurait communiqué à l'Oust par l'affluent qui prend sa source dans la montagne d'Hylvern, au Blavet par la rivière de la Houssaye. MM. Gourville, Lanjuinais, Joanne, Gausse et Chabot ont levé les plans de cette entreprise qui avait été approuvée par le gouvernement. Les travaux ayant été suspendus par suite de nos guerres, un nouvel ingénieur s'est trouvé chargé de les exécuter, et cinq années se sont écoulées sans qu'on s'en soit occupé. Si nous sommes bien informés, on proposa, pendant ce temps de délibération, de réunir le Blavet à la Vilaine en suivant l'Evel, puis l'un de ses affluents qui traverse la grande route entre Vannes et Pontivy. En second lieu, il fut question de suivre directement le cours de l'Evel, qui prend sa source aux environs de la forêt de Branquily. L'Evel est une rivière assez forte, qui ne tarit point en été; aussi ce projet était-il parfaitement raisonnable. Un troisième consistait à établir sur le Blavet, en remontant quatre lieues au-dessus de Pontivy, une chaussée de 100 pieds; la rivière dans cet endroit est resserrée entre deux montagnes : une seule écluse eût suffi, dit-on, pour conduire les eaux à Hylvern; mais il eût fallu, pour traverser une vallée, établir un pont-canal d'une assez grande étendue. Enfin, dans un 4.e projet, qui est celui adopté, la tranchée faite à Hylvern n'aura plus que 20 mètres de profondeur. Le canal, en sortant du point de partage, passe à la source du ruisseau de la Houssaye et se rend en serpentant au village de Kerroret; il descend dans la vallée de Saint-Ardéneau, passe à Saint-Ardéneau pour descendre ensuite dans la vallée du Kergoët, de manière à toucher les maisons du village; là il serpente à mi-côte pour descendre au midi, à l'extrémité des terres de Kergoët. Il coupe ensuite une côte très-roide, la route d'Urel à Pontivy, et descend dans la vallée du Rose; traverse les étangs de la Haye et de Kervers, puis se rend à Pontivy aux Recollets. Dans ce trajet il coupe quatre collines, dans l'une desquelles il a fallu faire une tranchée de 10 mètres de profondeur, et contourne trois vallons en passant sur les coteaux qui les dominent. Mais le point de partage se trouvait privé d'eau en été, aussi deux canaux d'irrigation viendraient-ils à Hylvern; l'un du ruisseau de la Roche, un autre de l'Oust, en partant du moulin du Bara. Tous les deux auront un développement de 4 myriamètres.

Aucun de ces projets, si ce n'est celui d'une chaussée de 100 pieds sur le Blavet, n'assurait au point de partage les eaux nécessaires : le premier avait l'avantage de ne pas offrir deux rigoles circulant pendant 18 lieues pour aller prendre de l'eau dans deux rivières qui sont souvent à sec en été, et de ne pas supprimer plusieurs moulins. Celui que l'on a exécuté raccourcit le trajet du canal et fournit, pour l'alimenter, les eaux du ruisseau de la Haye, mais bien au-dessous du point de partage.

L'on songe maintenant à rendre l'Erdre navigable jusqu'à Candé, pour de petits bateaux. Cette idée heureuse, puisqu'elle permettra un grand développement d'industrie dans le département de la Loire-Inférieure, en donnant plus de facilité pour l'exploitation des mines de houille qui existent au voisinage de cette rivière, devrait être généralisée.

Le jour où il serait bien prouvé que le système des canaux est ce qui convient le mieux en Bretagne, je croirais convenable de la part du gouvernement de songer à compléter ceux de notre province; mais je voudrais qu'une pareille entreprise fût faite aussi économiquement que possible, que l'on dépensât tout juste le nécessaire, et rien de plus. Le commerce n'a, en aucune façon, besoin d'écluses brillantes et de canaux pouvant servir au passage de bateaux du port de 60 tonneaux ; il ne demande qu'une seule chose, c'est le moyen de transporter des produits à des distances considérables sans en augmenter de beaucoup la valeur. Ce problème résolu, il ne se plaindra pas si les canaux ne peuvent recevoir que des bateaux du port de 20 tonneaux au plus : il comprend assez ses intérêts pour savoir que 100 lieues de rivières navigables de cette sorte valent mieux pour lui que 60 lieues du canal actuel.

Pour compléter la navigation de notre province et fournir des débouchés à ses produits de l'intérieur, il faudrait, pour bien faire, que dans le Finistère la rivière d'Hyères fût navigable jusqu'à Callac et l'Ellé jusqu'au Faouët; dans le Morbihan l'Isole jusqu'à Pont-callec ; l'Evel jusqu'à Baud, ou même jusqu'à Locminé, en suivant un de ses affluents; la rivière d'Auray jusqu'aux hauts fourneaux et à la verrerie de Lanvaux; l'Irtz jusqu'à Rochefort en terre; la Claye jusqu'à Callac; la rivière de l'étang aux Ducs jusqu'à Ploermel. Dans les Côtes-du-Nord, le Guer jusqu'à Pont-Melvez; le Trieu jusqu'à Guingamp; l'Anet jusqu'à Quintin ; l'Oust jusqu'à Uzel ; les rivières qui forment l'étang des Ponts-Neufs, l'une jusqu'à Lamballe, l'autre jusqu'à Montcontour; l'Arguenon jusqu'à Jugon; le Lié jusqu'au Veau-Blanc; la Rance jusqu'à la forêt de la Harduinay. Dans la Loire-Inférieure, il serait à désirer d'abord que la navigation de la Sèvre fût établie de telle façon que l'on pût remonter jusqu'à Clisson; que la communication du lac de Grand-Lieu à la Loire existât sans entraves ; que la rivière de Méan ne fût point barrée de manière à permettre la remonte des bateaux jusqu'à l'extrémité des marais de Pont-Château, puisque des bateaux peuvent actuellement encore naviguer sur le grand canal de ces marais. Je ne vois pas non plus pourquoi on n'essaierait pas de lier la ville de Savenay à la Loire, en canalisant le petit ruisseau qui passe auprès. Quant à l'Ille-et-Vilaine qui renferme déjà une grande étendue navigable sur la Vilaine, le Lignon et l'Ille, il serait important que l'on rendît la première de ces rivières susceptible de porter bateau jusqu'à Vitré.

Si l'on voulait que les deux mers eussent une communication de plus qu'actuellement, il serait facile de l'établir de diverses manières : 1.° en suivant la rivière d'Hyères pour aller rejoindre le Guer, le point de partage serait peu étendu et situé près de Pestivien ; 2.° au moyen du Blavet et de la rivière d'Anet, le point de partage serait au nord-est de Corlay ; 3.° au moyen du Lié et de l'une des rivières qui passent à Montcontour et se rendent à l'étang des Ponts-Neufs ; 4.° comme on l'a proposé, au moyen de l'Oust et de la rivière de Quintin, le point de partage serait dans la forêt de l'Hermitage ; mais je pense qu'une semblable entreprise offrirait peu d'avantage, et coûterait beaucoup. Il serait, certes, plus dans les intérêts du pays que le Blavet fût canalisé jusqu'à Corlay, car de Gouarec à Corlay il traverse des parages épouvantables de misère et d'ignorance.

Je crois utile de développer un peu cette pensée, que de semblables travaux devaient être exécutés avec économie : en effet, 1.° on pourrait d'abord diminuer la largeur du chemin de hallage, et même dans certains endroits, lorsque le canal n'aurait que peu d'espace à parcourir pour déboucher soit dans la mer, soit dans les canaux actuels, le supprimer entièrement; 2.° ne donner au canal lui-même que la largeur suffisante pour 2 bateaux; 3.° se contenter d'une profondeur de 3 pieds; 4.° construire simplement les chaussées comme celles qui existent actuellement sur un grand nombre de nos rivières; 5.° ne mettre aucun luxe dans les écluses et les bâtir avec du schiste et de petits matériaux, chaque fois qu'il pourrait y avoir de l'économie en cela; 6.° placer le plus souvent possible les écluses en terre ferme, de manière à n'avoir que deux murs à bâtir, un de chaque côté; 7.° remplacer toutes les formes d'une taille difficile, et par suite coûteuse, par des formes économiques, ainsi terminer carrément la partie inférieure des écluses, et n'opposer même au courant que des masses presque carrées et seulement légèrement arrondies sur les côtés, l'eau serait moins bien divisée; mais l'écluse résisterait encore suffisamment; 8.° suppléer aux ouvertures de trop plein, telles qu'elles existent sur le canal actuel par des vannes semblables à celles de nos meûniers, qui sont moins brillantes, moins solides, par conséquent inférieures, mais cependant aussi commodes et d'un prix bien différent. En résumé, je voudrais qu'un pareil travail fût fait comme s'il était exécuté par et pour un particulier, et que les ingénieurs ne se proposassent d'autre gloire que celle d'avoir beaucoup fait et très-peu dépensé. De son côté, le gouvernement devrait seconder les grandes entreprises par une loi sur l'expropriation forcée pour cause d'utilité publique, qui permît à l'industrie de s'étendre et de prospérer. Sans doute, les droits de propriété demandent à être garantis, mais des *lois qui pressurent l'industrie au profit de la propriété sont absurdes* et doivent s'effacer. Que la terre ne soit *plus féodale* mais affranchie de toutes servitudes, voilà l'avenir dans lequel nous entrerons, dans lequel nous serions plus avancés avec *une Chambre qui comprendrait sa mission.*

Historique du canal.

Ce fut, dit on, peu de temps après la réunion de la Bretagne à la France, par le mariage de la duchesse Anne, que l'on proposa la première fois d'établir une communication entre la Roche-Bernard et Saint-Malo. Plus tard, en 1575, des sas éclusés furent construits sur la Vilaine, de manière à la rendre navigable jusqu'à Rennes. On s'accorde généralement à dire que ces écluses furent les premières construites en France. Les avantages qu'elles procurèrent au pays ne furent pas aussi grands qu'on se l'était imaginé, et la dépense qu'elles occasionnèrent avait été considérable. Cependant, pénétré de l'utilité réelle des canaux, et persuadé que, s'ils ne paient pas directement ce qu'ils ont coûté, ils produisent davantage par les améliorations dont ils sont la source, un ingénieur, nommé Abeille, revint en 1730 sur l'ancien projet abandonné de joindre Saint-Malo à la Roche-Bernard; 16 ans plus tard, l'un des membres des Etats de Bretagne, François de Kersauson, publia plusieurs mémoires pour prouver combien il était utile de canaliser aussi l'Oust et le Blavet. Après lui, en 1783, un autre membre des Etats, Rosnivinen de Piré, proposa de réunir la Vilaine à la Mayenne, projet qui a été étudié depuis par les ponts-et-chaussées.

Les Etats, comprenant toute l'importance de semblables entreprises, chargèrent une commission, dont Coulomb et Rochon faisaient partie, d'en examiner les plans et les devis. Non contents de cet examen, ils demandèrent une nouvelle révision. Bossut, Fourcroy, Condorcet et Rochon, désignés par l'académie, lui firent un rapport en 1786. Ils reconnaissaient la possibilité de canaliser et de joindre l'Aune, le Doré, le Blavet, l'Oust, l'Isac, et de réunir Rennes à Saint-Malo, ce qui fut adopté. La révolution vit commencer et abandonner les travaux. En 1805, M. Bouessel, alors ingénieur à Pontivy, et chargé du canal du Blavet, fournit de nouveaux projets qui furent acceptés par le gouvernement, et qui n'ont été modifiés depuis que très-légèrement, par exemple pour la jonction de l'Oust au Blavet, et pour quelques détails.

Vient maintenant la question économique, question épineuse que je pourrais, après tout ce qui précède, laisser au lecteur le soin de discuter. La voici cependant, incomplète sans doute, mais franchement posée.

Prix de revient du canal.

Au 14 août 1822, le gouvernement autorisa un emprunt de 36 millions pour achever les canaux de Bretagne. Déjà l'on avait dépensé 3 millions 530 mille francs sur le canal du Blavet; 6 millions sur celui d'Ille-et-Rance et 1 million 500 mille francs sur la ligne de Nantes à Brest; les 36 millions empruntés devaient être affectés ainsi qu'il suit : 800 mille francs au canal du Blavet; 6 millions à l'Ille-et-Rance; 29 millions 200 mille francs au canal de Nantes à Brest; d'après cela, somme totale, les trois canaux de notre province ne devaient pas coûter moins de 46 millions. Mais déjà, en 1828, le montant présumé des dépenses du canal du Blavet était de 500 mille fr. plus considérable qu'en 1822. En 1829, le rapport de la compagnie des quatre canaux annonçait que le canal de Nantes à Brest ne pouvait pas coûter moins de 9 millions 217,228 fr. 28 c. en sus de l'estimation, à quoi il fallait encore ajouter un éventuel de 500 mille fr., pour les dépenses projetées entre l'embouchure du canal dans la Vilaine et Saint-Perreux. Il annonçait aussi que le canal du Blavet coûterait de son côté 1,205,224 fr. en sus de la somme qui lui était allouée.

C'est donc un fait que l'on peut regarder comme positif que les 3 canaux de Bretagne coûteront 57 millions, ce qui donne par lieue 500 mille francs. Or, il est difficile de croire qu'avant de longues années le péage des objets transportés par cette voie soit assez considérable pour produire 25,000 fr. de revenu. D'ailleurs au moment où j'écris, j'ai la certitude que les dépenses s'élèveront au-delà de la somme de 57 millions. Mais qu'importe, mettons les choses au mieux, et nous sommes encore forcés d'avouer que les sécheresses en été, les glaces en hiver, occasionneront un long chômage chaque année, que les recurements, les réparations, les dédommagements à accorder aux riverains dont les prairies seront noyées par les eaux, les procès dans lesquels l'administration sera nécessairement entraînée, augmenteront de beaucoup les frais.

Même en supposant que tous les inconvénients que je viens de citer soient pures bagatelles, il est impossible que le canal donne 5 p. 0/0 de l'argent qu'aura coûté sa construction, c'est-à-dire environ 3 millions de revenu; pour arriver à cette somme, il faudrait admettre que vis-à-vis de chaque écluse il passerait par année 125,000 tonneaux de marchandises payant terme moyen o fr. 2 de droit. Or, l'exemple du canal du midi sur lequel le mouvement des transports ne s'élève actuellement qu'à 92,000 tonneaux, nous prouve que nous sommes loin de ce terme, qui n'appartient qu'à une haute civilisation. 92 mille tonneaux représentent 1,840 frets de barques à 50 tonneaux par chacune d'elles; je puis me tromper; mais, à mon sens, dans les premières années, le produit des taxes ne sera pas suffisant même pour solder les frais de surveillance et de réparation, et plusieurs des entrepreneurs des canaux partagent cette opinion. Cependant le canal de Bretagne sera utile et produira dans notre province, en améliorations de toute espèce, plus qu'il n'aura coûté. — Le fonds social de la France s'augmente chaque année, et par des économies et par des améliorations; la facilité des placements et celle des débouchés en sont les causes déterminantes. Sur le canal, sous la forme d'usines viendront se fixer des économies nombreuses, en même temps que sur ses bords prospéreront et le commerce et surtout l'agriculture. Il y aura une grande plus-value pour toutes les terres situées même à 2 lieues des rives. Admettant qu'elle soit un jour de 2 fr. de revenu par hectare, le nombre de ces hectares étant d'environ un million, cette plus-value serait de 2 millions de francs chaque année, et ce n'est pas ici une supposition exagérée. Admettant maintenant que 100 usines se placent sur le canal même, elles y fixeront des fonds reproducteur pour une somme d'environ 10 millions, dont le revenu annuel versé dans le pays, vaudrait à lui seul un million de francs. Je n'ai rien dit non plus de tous les villages de tous les bourgs et de toutes les petites villes qui subiront aussi de notables améliorations; je n'avais pour but que de prouver en deux mots la vérité de l'épigraphe placée en tête de cette statistique et l'impartialité de mon examen.

Considérations sur l'établissement d'un chemin de fer en place du canal de Bretagne.

Beaucoup de personnes, et je suis du nombre, pensent qu'en place du canal de Bretagne il serait mieux qu'il existât un chemin de fer. Tout en accordant qu'il n'était aucunement question de routes à rails, lorsque l'on a entrepris nos canaux, elles regrettent qu'en 1822, époque à laquelle on avait encore peu dépensé pour leur construction, l'on n'ait pas agité la question de savoir si une route en fer, de Nantes à Brest, ne serait pas plus convenable, placée le long de l'Aune, du Doré, du Blavet, de l'Oust, etc., que la canalisation de ces rivières.

Cette question n'est pas oiseuse et mérite d'être étudiée. Laissant de côté le prix qui eût été à peu près le même dans les deux cas, nous trouvons 1.° qu'il en eut résulté un avantage immense pour les voyages: rien d'utile à la civilisation comme la circulation des individus; avec eux circulent des idées nouvelles et le désir des améliorations. Les voyageurs usent les préjugés et les habitudes routinières d'un peuple de la même manière que sur une grande route nouvellement frayée leur passage répété aplanit les aspérités de l'empierrement. Entre les villes de Châteaulin, Carhaix, Rostrenen, Pontivy, Josselin, Malestroit et Redon, il n'existe absolument aucune voiture, aucune communication régulière, et le canal, sur lequel les bateaux feront 3/4 de lieue à l'heure, en ayant à subir en outre un retard d'environ 40 minutes par lieue, terme moyen, pour le passage des écluses, ne pourra servir aucunement au transport des personnes. De nos jours, le temps est trop précieux pour qu'on le perde dans des voyages aussi lents. Une route en fer, au contraire, eût permis à une diligence de s'établir sur cette ligne à des prix extrêmement modérés. Sur une route en fer, un cheval traîne fort aisément la charge de 8 à 10 chevaux sur nos routes habituelles, et ce fait suffit pour prouver à quel bas prix une voiture publique eût pu s'établir pour le transport des passagers. Ne sait-on pas d'ailleurs quelle est la prodigieuse rapidité des voitures à vapeur, et qu'une diligence de cette espèce pourrait parcourir en 12 à 15 heures le trajet de Nantes à Brest. Voilà donc un point de vue très-important sous lequel tout l'avantage était pour la route à rails, et qui lui eût permis nécessairement de recueillir des péages très-productifs. Si nous examinons maintenant le transport des denrées, nous trouvons que pour toutes celles qui sont en petite quantité et d'un poids médiocre, que pour toutes celles encore qui craignent les avaries et l'humidité, la route en fer eût eu l'avantage.

Lorsque, par un temps douteux, il eût fallu transporter à la ville voisine des foins ou d'autres denrées susceptibles de s'altérer; lorsqu'il aurait été question de faire passer d'un lieu dans un autre des armes et des munitions de guerre, ou encore des objets de mode, des faïences, des porcelaines, des meubles, toutes ces choses enfin sur lesquelles le goût du jour a de l'influence, toutes celles que l'on ne veut pas laisser long-temps en voyage, toutes celles en résumé qui, sur d'autres routes, prennent la voie du roulage accéléré ou au moins celle du roulage ordinaire de préférence aux canaux, il est évident que le chemin en fer eût été bien préférable, et qu'il aurait aussi trouvé dans le port de ces objets une nouvelle branche de revenu pour l'État.

Le canal n'a d'avantages que pour les gros matériaux. On doit dire que dans beaucoup d'endroits où il existait des usines médiocres sans doute, mais cependant d'un produit réel, quelque minime qu'il fût, on ne pourra pas en rétablir, parce qu'en été il n'y aurait pas eu assez d'eau pour la navigation. Le chemin de fer n'eût créé, mais aussi il n'eût supprimé aucune force motrice, aucun moyen d'irrigation. Il y a même pour les matières pesantes un point sur lequel il aurait eu la supériorité : le chargement d'une voiture qui porte 8 ou 10 tonneaux traînés par un seul cheval se trouve plus aisément que celui d'un bateau de trente tonneaux; ajoutons que chaque fois qu'on se sert d'un canal pour transporter seulement

8 ou 10 tonneaux, la dépense est la même que sur un chemin de fer, et que la rapidité du voyage est retardée en proportion du nombre des écluses. Ajoutons encore que, pendant les glaces et les sécheresses, les canaux ont l'inconvénient de chomer; enfin, ce qu'il y a de plus concluent, c'est qu'il existe entre Paris et Orléans un canal sur lequel les transports sont à bas prix, mais assez lents, et que toutes les marchandises telles que les vins, les eaux-de-vie et les vinaigres prennent cependant la voie du roulage, quoique plus coûteuse.

Ces réflexions me semblent péremptoires; cependant on peut y répondre 1.° que le canal (et cela est vrai) n'a pas été fait pour le commerce, mais pour la guerre; que, destiné au transport des plus gros matériaux, il remplit mieux son objet; qu'enfin lorsqu'il a été commencé, repris et continué, nous n'avions pas l'expérience acquise depuis quelques années, et la connaissance parfaite des travaux d'outre-mer, etc.

Après mûre réflexion, si l'on examine les choses sans prévention, on sent la validité de ces dernières raisons; mais cependant l'on conçoit qu'il eût été plus avantageux pour le pays d'avoir une route en fer au lieu d'un canal, et l'on est porté à désirer que le gouvernement s'occupe d'installer des rails sur le chemin de hallage. Il serait impossible, sans de grands frais, d'y établir deux paires de rails, mais une seule y trouverait aisément sa place. Ce serait probablement une dépense de 100,000 francs par lieue, terme moyen, c'est-à-dire d'environ 10 millions; mais alors la Bretagne posséderait aussi un puissant levier de civilisation. Un grand nombre de villes, de gros bourgs et d'usines, qu'il est impossible de lier à notre système de canalisation, pourraient se rattacher facilement à la nouvelle voie de communication. La route d'ailleurs est faite et nivelée; la pente en est insensible, et jamais position ne fut plus favorable.

Puisse cette idée, que je crois bonne et nouvelle, d'avoir à la fois en Bretagne un canal, un hallage et un chemin à rails réunis ne pas périr sans application!....

J'ai décrit les canaux de notre province et montré l'influence prochaine et éloignée qu'ils peuvent avoir sur la civilisation, l'agriculture, l'industrie, la salubrité des lieux qu'ils traversent. J'ai présenté quelques réflexions au sujet de leur construction, discuté la question économique, établi un parallèle entre eux et un chemin de fer établi sur la même ligne. Partout j'ai essayé de grouper les faits les plus saillants, abandonnant des détails dont les uns sont incertains, dont les autres varient du jour au lendemain, laissant au lecteur le soin de déduire les conséquences secondaires et mettant toute l'impartialité possible dans mes jugements. Mais la tâche n'est pas achevée : aussitôt que le canal sera navigable, d'autres devront prendre ma place; ils devront parcourir cette rive ombragée en certains endroits de hauts peupliers, qui se déploie et se contourne autour des collines dont le canal baigne le pied; ils décriront ces châteaux antiques, ces ruines du moyen-âge que l'on rencontre en grand nombre sur ses bords ; ils diront encore, pour chaque localité, la nature du sol, les plantes que l'on y trouve ; les moyens de perfectionnements agricoles ou manufacturiers dont on pourrait y faire usage, et surtout les améliorations morales dont on y sent le besoin. Puissent-ils dans leurs excursions au milieu d'une nature souvent riche et toujours variée dans ses tableaux, n'avoir pas à chaque instant sous les yeux pour empoisonner leurs jouissances, les haillons et la misère de ces malheureux prolétaires abrutis par l'infortune, dont les rêves de bonheur ne vont pas au-delà d'une soupe de pain blanc et d'un morceau de lard tous les dimanches.

Appendice.

Des circonstances particulières, quelques-unes indépendantes de ma volonté, m'ont empêché de publier plus tôt ce mémoire. J'aurais voulu y joindre une carte des canaux de Bretagne, carte industrielle et statistique sur laquelle j'aurais fait figurer, autant que possible, les forêts, les bois, les terres incultes, les usines, la nature du sol et des minéraux propres à l'industrie qu'il renferme dans son sein, les améliorations indiquées dans cet opuscule, les sources minérales, etc. Mais je n'abandonne point ce projet, je me propose avec l'un de mes amis, M. Souvestre, d'étudier spécialement notre province et d'indiquer successivement le rôle qu'elle a joué jusqu'ici, ses ressources morales et physiques, enfin le rôle qu'elle est appelée à remplir. Heureux si dans le cours des travaux qui me seront propres, je trouve appui et indulgence parmi ceux qui, comme moi, portent un cœur breton et désirent vivement l'émancipation de leurs compatriotes.

www.ingramcontent.com/pod-product-compliance
Lightning Source LLC
LaVergne TN
LVHW012010160826
845678LV00002B/743

* 9 7 8 2 3 2 9 6 6 5 7 0 2 *